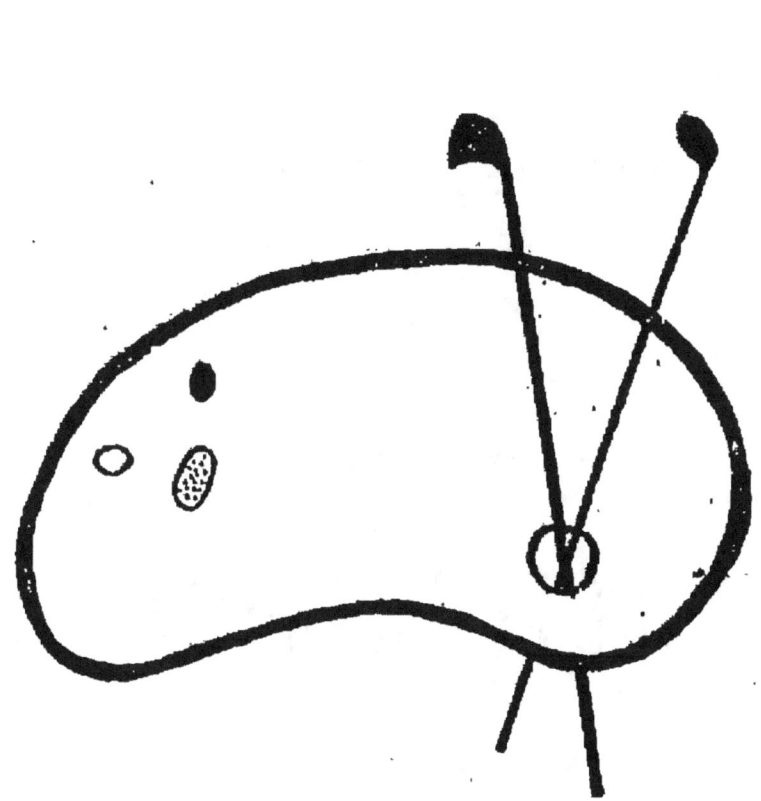

DÉBUT D'UNE SÉRIE DE DOCUMENTS EN COULEUR

VENTE

D'UNE

PRÉCIEUSE COLLECTION

OBJETS
D'ART ET CURIOSITÉS

Mᵉ **POUCHET**, Commissaire-Priseur.
M. **MANNHEIM**, Expert.

MALDE ET RENOU
Imprimeurs de la Comp.ⁱᵉ des Commissaires-Priseurs
rue de Rivoli, 144.

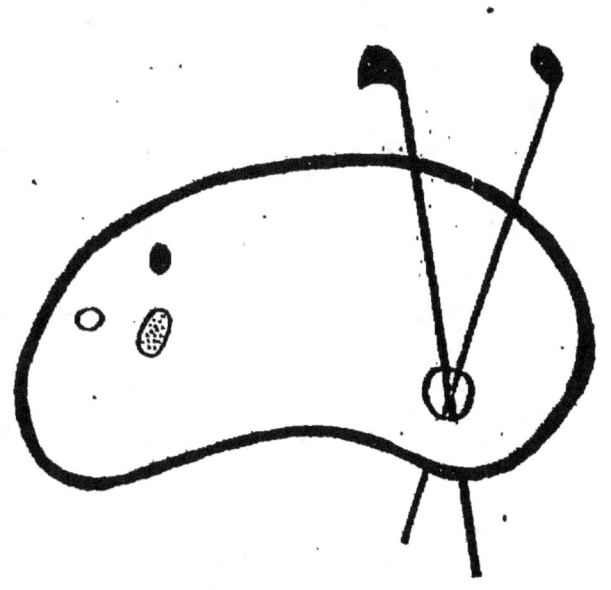

FIN D'UNE SERIE DE DOCUMENTS EN COULEUR

CATALOGUE

D'UNE

Précieuse Collection

D'OBJETS D'ART

ET HAUTE CURIOSITÉ

Belles terres cuites par Clodion, Marin, Fratin, etc., Marbres sculptés, Bronzes florentins et autres ; Bronzes meublants, belles Pendules ; Candélabres, etc., anciens Louis XVI ; Porcelaines de Sèvres tendres, anciens décors et autres ; Biscuits de Diehl, de Saxe et Niderwiller ; groupes et bas-reliefs en ivoire sculpté ; très-beaux Cristaux de roche, coupes, vases, etc. ; Verres de Venise et de Bohême ; Armes anciennes, très-beau fusil indien, etc., etc. ; magnifiques Tabatières, Bonbonnières en or émaillé, cristaux de roche, etc. ; Bijoux or émaillé, xvie siècle ; belles miniatures de Charlier, etc. ; Argenterie ancienne, et objets divers, xvie siècle, et autres ;

PROVENANT DU CABINET D'UN AMATEUR

DONT LA VENTE AURA LIEU

HOTEL DES VENTES MOBILIÈRES

Rue Drouot, n° 5

SALLE N° 5, AU PREMIER

Les Jeudi 26, Vendredi 27 & Samedi 28 Février 1857,

à une heure.

Par le ministère de Me **A. POUCHET**, Commissaire-Priseur, successeur de M. **RIDEL**, 333, rue Saint-Honoré.

Assisté de M. **MANNHEIM**, Expert, rue de la Paix, n° 10.

Chez lesquels se distribue le présent Catalogue.

Et à Londres chez MM. ANNOOT et GALE, 16, Old Bond Street.

EXPOSITIONS :

PARTICULIÈRE, le Mardi 24 Février 1857, de 1 heure à 5 heures.
PUBLIQUE, le Mercredi 25   id.   id.

—

1857.

CONDITIONS DE LA VENTE

Elle sera faite au comptant.

Les acquéreurs payeront en sus des adjudications, cinq centimes par franc applicables aux frais.

AVIS.

Le Catalogue des Tableaux et Dessins faisant partie de cette collection est sous presse; la vente aura lieu les 2 et 3 mars.

Exposition publique le dimanche 1er mars.

PREMIÈRE VACATION

Le Jeudi 26 Février 1857.

Belles tabatières et bonbonnières en or émaillé, cristal de roche, etc.; beaux bijoux du XVIe siècle en or émaillé; bijoux ndien et autres; argenterie ancienne; belles miniatures, dont plusieurs par Charlier, Fragonard, etc.; objets en matières précieuses.

DÉSIGNATION

DES OBJETS

Tabatières & Bonbonnières

1 — Une belle tabatière ovale, en or ciselé et émaillé, fond chamois imitant la pierre herborisée, à médaillon émail sur le couvercle, époque Louis XVI.

2 — Une magnifique boîte forme carrée élevée, en vernis par Martin, à médaillons, sujets marines, d'après J. Vernet, et encadrement, incrustation d'ornements en or (Objet très-rare et précieux).

3 — Une très-belle bonbonnière forme ronde, en or émaillé, couleur opalin, vermicellée et à cordons imitant des opales alternées de feuilles émaillées.

4 — Une bonbonnière forme ovale en cristal de roche, monture Louis XVI, en or finement gravé et émaillé à guirlandes de fleurs.

5 — Une bonbonnière forme ovale, en écaille blonde, montée à cage en or, époque Louis XVI, finement gravée et émaillée, imitation de turquoises et feuilles vertes.

6 — Une très-jolie bonbonnière imitant une gibecière, en or gravé et fleurs émaillées. (Objet très-curieux par sa composition.)

7 — Une tabatière forme contournée, en or, à médaillons gravés et ciselés en relief; sujets mythologiques.

8 — Une bonbonnière forme sphérique, en cristal de roche taillé à côtes, montée en argent doré.

9 — Une petite bonbonnière forme ovale, en cristal de roche, montée en or gravé, époque Louis XVI, et à guirlandes de fleurs découpées à jour sur la panse.

10 — Une bonbonnière ronde, en cristal de roche, montée en or, feuillage en or vert, époque Louis XVI.

11 — Une petite boîte à mouches forme contournée, en jaspe sanguin, montée à gorge en or, couvercle entouré et orné d'un chiffre en rubis d'Orient.

12 — Une toute petite boîte forme drageoir, en or gravé, sujet de chasse en relief et ornée de deux plaques en jaspe d'Egypte.

13 — Une bonbonnière forme ronde surélevée, en porcelaine de Saxe, à médaillons enfants, festons, gorge en vermeil.

14. — Une tabatière forme ronde, en racine de bois d'érable, montée en or, ornée de deux jolis fixés; sujets intérieurs peints par Drolling.

15. — Une boîte ronde en écaille, gorge en or, ornée d'une miniature, genre Klingstet, coloriée : religieuse se mirant au fond d'une casserolle.

16. — Une boîte ronde, en cuivre jaune ; le dessus et le dessous gravés en taille douce. Sujets très-gracieux par Watteau.

17. — Une tabatière carrée, en porcelaine de Saxe, fond violet, médaillon grisaille sur fond jaune et belle miniature à l'intérieur, monture en argent.

18. — Une autre même forme, ancien Saxe, médaillon genre Watteau, encadrement rocaille, miniature à l'intérieur et montée en argent.

19. — Une autre, ovale, fond blanc, médaillon sujet champêtre, camaïeu rouge.

20. — Une bonbonnière forme corbeille de fleurs, en porcelaine de Saxe, montée à ornements bêche en or et devises émaillées, le couvercle surmonté d'un papillon formant flacon. Très-joli petit objet d'une parfaite conservation.

21. — Une petite bonbonnière en porcelaine de Saxe, forme panier, fond blanc gaufré à fleurs bleues en relief et gorge en or.

Miniatures & Émaux

22 — Deux très-jolies miniatures forme carrée : Enfants en costumes de Scapin et Pierrot, par Fragonard (Collection Debruge).

23 — Une miniature forme ovale, portrait de Jeune Garçon, par Fragonard.

24 — Deux miniatures ovales sur hauteur, Jeunes Filles, par Fragonard, dans leur cadre en bronze ciselé et doré (Collection Debruge).

25 — Une miniature forme ronde, la Gimbelette de Fragonard.

26 — Trois frises d'une composition très-riche, sujets mythologiques, peintes en grisaille, par Degault, dans leurs cadres carrés longs, en bronze, finement ciselés et dorés au mat, époque Louis XVI, dont deux longueur 25 cent., l'autre longueur 22 cent.

27 — Une grande et belle miniature forme ronde, riche composition de quatre figures, Femmes et Enfants, signée Gomelin 1791, dans son cadre en bronze doré.

28 — Une miniature ronde, Léda et le Cygne, belle composition, par Charlier, cadre carré, bois sculpté et doré.

29 — Une miniature ovale, intérieur, époque Louis XVI. Jeune Femme à sa toilette.

30 — Deux jolies miniatures forme carrée, Nymphes et Amours couchés, par Charlier.

31 — Deux autres belles miniatures, par Charlier. Jeunes Filles couchées et entourées de fleurs, dans leurs cadres carrés.

32 — Quatre miniatures de forme carrée. Bacchantes, Nymphes et Amours couchés, par Charlier (Ce lot sera divisé).

33 — Quatre belles miniatures forme carrée, représentant Mme d'Aiguillon, Mme de Sauve, la princesse Henriette de Conti et Mme la duchesse du Maine, dans leurs cadres en or gravé (Ce lot sera divisé).

34 — Une belle miniature ovale. Jeune Femme sortant du bain, par Charlier.

35 — Une miniature forme ronde. Naïades surprises ; jolie peinture, par Charlier (Collection Debruge.)

36 — Une miniature forme ronde. Portrait de femme, costume Louis XVI, signé Hall.

37 — Une belle miniature sur hauteur, portrait de l'impératrice Joséphine, par Saint, cadre en or et cordon émaillé gros bleu.

38 — Une miniature ronde, portrait du dauphin Louis XVII, peint par Dumont, cadre en or.

39 — Deux miniatures carrées sur hauteur, sujets allégoriques entourés d'Amours, de Boucher, dans leurs cadres en bronze doré et laque du Japon.

— 10 —

40 — Une magnifique miniature ovale sur hauteur, portrait de la duchesse de Tarente, dame d'honneur de la reine Marie-Antoinette, par Cosway, dans son cadre en argent repoussé et doré.

41 — Une peinture sur émail forme ovale. Femme couchée et lisant; intérieur style Louis XV.

42 — Une miniature ovale sur hauteur, Femme, costume Louis XVI, par Hall, cadre carré en cuivre doré.

43 — Une jolie miniature ovale sur hauteur, Jeune Fille en costume hollandais; très-fin d'exécution.

44 — Un médaillon en vernis, par Martin, Loth et ses Filles, finement peint, cadre bronze doré (Collection Debruge).

45 — Une miniature forme ronde, xvi° siècle, Léda et le Cygne.

46 — Une miniature forme ronde, Triomphe de Galatée.

47 — Une miniature forme ronde. Jeune Femme et Épagneul, signé Boz.

48 — Deux pièces. Une miniature ovale, Portrait d'homme, époque Louis XIV, et un camée en ivoire, Tête d'Alexandre dans un médaillon en cuivre gravé et doré, Choc de cavalerie sur un pont, époque Louis XIII. Au revers.

Argenterie ancienne

49 — Un joli gobelet sur piédouche et couvercle en argent repoussé, ciselé et doré, d'une forme délicieuse (Collection Debruge).

50 — Un coffret carré à colonnes torses en filigrane d'argent et ornements dorés. Travail allemand du XVIe siècle.

51 — Un miroir de toilette forme contournée, à cadre en filigrane d'argent et ornements émaillés, époque Louis XIII.

52 — Un panier à anse forme ronde en filigrane d'argent, époque Louis XIII. Travail allemand très-fin.

53 — Une coupe forme ovale et à contours, sur piédouche, en filigrane d'argent. Travail allemand, époque Louis XIII.

54 — Un oiseau formant cassolette sur son plateau, en filigrane d'argent. Travail allemand.

55 — Une corbeille en filigrane d'argent et anses mouvantes.

56 — Un flambeau filigrane d'argent, sur pied hexagone.

57 — Six porte-tasses en argent ciselé à ornements.

58 — Six porte-tasses en filigrane d'argent.

59 — Un coffret à bijoux en argent, forme carrée et couvercle cintré à fleurs et oiseaux repoussés et découpés à jour.

60 — Un autre petit coffret en argent doré, à ornements, fleurs et oiseaux découpés à jour et médaillons peints sur émail.

61 — Deux lions courant, en filigrane d'argent.

62 — Un gobelet en argent repoussé à fleurs.

63 — Un plateau ovale en argent repoussé et doré en partie. Travail allemand.

64 — Une botte en argent repoussé. Travail turc.

65 — Un ours et un singe en argent repoussé et ciselé. Très-joli travail allemand.

66 — Une tourelle en argent forme carrée et à sonnette.

66 bis. — Deux salières triangulaires, modèle XVIe siècle, à bas-reliefs sur ses trois faces.

Bijoux XVIe siècle & autres

67 — Un très-beau bijou de dame, travail oriental composé de deux bracelets pouvant faire collier, et un médaillon, le tout en or émaillé, pierres et perles fines, dont 18 plaques carrées faisant entre-deux et 320 perles divisées par 5 rangs.

— 13 —

68 — Un très-bel étui en ivoire sculpté et incrusté de plaques en or finement gravées ; forme contournée, surmonté d'un groupe de deux enfants, et aux deux extrémités deux petits chiens peints en noir, contenant à l'intérieur 3 flacons et un petit entonnoir en or, objet complet et d'une composition charmante (Collection Debruge).

69 — Deux jolies petites figurines en ivoire sculpté. Paysans portant six flacons posés sur un tablier, en cuivre doré et émaillé, orné de pierres précieuses (Collection Debruge).

70 — Un très-petit maître-autel en argent doré, enrichi d'émaux et garni d'ornements en roses de Hollande. Objet d'une parfaite conservation, époque Louis XIII (Collection Debruge).

71 — Un très-beau bijou XVIe siècle. Triton en or émaillé orné de perles fines, rubis et diamants. Objet très-rare aujourd'hui.

72 — Une très-jolie cuiller en jaspe héliotrope montée en or émaillé, époque du XVIe siècle ; le manche représentant une cariatide, tête de Minerve casquée.

73 — Un bijou représentant une masse d'armes en or émaillé, suspendue après des chaînes garnies de perles fines. Travail du XVIe siècle (Collection Debruge).

74 — Un autre très-joli bijou du XVIe siècle, figurant un Dragon, en or ciselé et émaillé, formant cure-dent et cachet (Collection Debruge).

— 14 —

75 — Un autre délicieux petit bijou, XVIᵉ siècle, figurant un petit Canon, en or émaillé et ses belles chaînes de suspension, le tout enrichi de rubis et perles fines (Collection Debruge).

76 — Un petit reliquaire médaillon ovale en cristal de roche, monté en or émaillé et perles fines, époque Louis XIII (Collection Debruge).

77 — Une très-jolie montre, dite œuf de Nuremberg, en or émaillé, sujet Jugement de Pâris; dans sa boîte aussi en or émaillé et richement garnie de pierres précieuses. Objet très-complet de l'époque de Louis XIII.

78 — Un couvert composé d'une cuiller, une fourchette et un couteau en or à manches en jaspe, recouverts de beaux ornements, finement découpés à jours et gravés; ayant appartenu au cardinal Mazarin.

79 — Un nécessaire en jaspe sanguin monté en or, ornements Bèche, contenant ses ustensiles en or et poussoir en diamant.

80 — Un souvenir en ivoire garni d'or et enrichi de deux médaillons peints sur émail; époque Louis XVI.

81 — Un miroir de poche monté en or émaillé, à sujet peint, Jugement de Pâris. Travail italien, XVIᵉ siècle.

82 — Un petit coffret forme carrée en filigrane d'or; ancien travail excessivement fin, de Gênes.

83 — Un autre très-petit coffret forme carrée, couvercle cintré de même en filigrane d'or de Gênes

84 — Deux petites coupes, l'une en opale, girasol du Mexique à lobes, l'autre en opale de feu, taillée à côtes, les anses prises dans la masse ; ce lot sera divisé (Vente Debruge).

85 — Un joli bijou du XVIe siècle, en or émaillé, provenant d'un ordre de chevalerie, au centre saint Georges terrassant le dragon en haut relief.

86 — Une bague chevalière ouvrante, contenant à l'intérieur un camée sur jaspe agate, tête d'empereur romain laurée, profil à droite.

87 — Une médaille de chevalier, en or, de l'ordre de la Jarretière, date 1660.

88 — Trois très-beaux médaillons en or repoussé et ciselé forme ovale, sujets divers. Prix de maîtrise de Michel, date 1777, dans leurs cadres en argent finement ciselé, surmontés de branches de lauriers.

89 — Un joli flacon forme sphérique, recouvert d'ornements Bêche en or et devises émaillées.

90 — Un perroquet en or repoussé et ciselé formant boîte à mouche, avec sa petite cuiller à l'intérieur.

91 — Une petite cuiller à café en or, à ornements découpés à jours et finement ciselés ; époque Louis XVI.

92 — Un collier indien en argent doré, à filigrane et cannetilles.

93 — Un autre collier aussi en argent doré, à chaîne et cordon.

94 — Un autre grand collier aussi en argent doré, enrichi d'une croix.

95 — Un ceinturon et deux bracelets composés de médaillons carrés à ornements divers, en argent doré.

96 — Une cuiller en argent, le manche formant fourchette. Travail du xvi° siècle, et un petit couteau provenant d'une trousse de vénerie.

97 — Deux jolies boîtes forme baril en ancien laque du Japon usé, boutons à coqs.

98 — Quatre figurines, dont deux mandarins et deux rois nègres, en nacre de perles et ivoire, costumes en cuivre gravé et émaillé, socles carrés.

99 — Une petite figurine en bronze ciselé et doré. Paysan sur socle garni de lapis.

100 — Une petite broche contenant un émail Louis XIII.

101 — Une petite pelle en corne teinte, montée en argent.

102 — Trois paires de ciseaux, dont une en damas, à ornements repercés à jour.

103 — Trois porte-cartes en mosaïque d'argent, sur ivoire. Travail du Bengale.

Jades & Pierres de Lard

104 — Une très-belle coupe forme ovale, à côtes et à anses prises dans la masse, en jade vert de la plus belle qualité, parfaitement évidée.

105 — Un gobelet forme cylindrique à couvercle en jade vert, garni d'argent et pierreries.

106 — Une petite coupe en jade, forme fruit, et branchages, finement évidée.

107 — Une figurine de mandarin tenant un sceptre, finement sculpté et gravé en pierre de lard, sur pied en bois de fer.

108 — Quatre flacons dont trois en pierre de lard, sculptés et repercés à jour, et l'un en vitrification, forme fruit.

Matières précieuses

109 — Une coupe ovale en agate orientale, à gorge et à anses mouvantes, montée sur quatre pieds en bronze ciselé et doré, époque de Gouthière. (Collection Collot.)

110 — Deux coupes rondes en agate orientale, à anses serpents, montées à trépied à têtes d'aigles, en bronze finement ciselé et doré. (Collection Collot.)

111 — Deux salières, forme ovale, en porphyre oriental noir et rouge, vasques à gaudrons supportées par quatre lévriers en bronze ciselé.

112 — Un petit buste d'empereur romain en agate orientale, sur socle en agate d'Allemagne.

DEUXIÈME VACATION

Le Vendredi 27 Février 1857.

Beaux bronzes florentins, groupes, figures, statuettes; objets en ivoire sculpté, groupes, figurines, bas-reliefs, etc.; beaux cristaux de roche, coupes, vases, groupes, etc.; armes anciennes parmi lesquelles un très-beau fusil indien à canon richement damasquiné or, un couteau de chasse et ses petits couteaux en acier ciselé et damasquiné or, d'une grande finesse, etc.; verres de Venise, et beaux objets divers du XVIᵉ siècle, parmi lesquels un très-beau damier en ambre enrichi de camées.

DÉSIGNATION

DES OBJETS

Bronzes Florentins

113 — Un très-beau groupe en bronze florentin, Génie de la Bienfaisance, sous la figure d'une femme drapée entourée d'enfants. Belle patine. Hauteur 37 cent. Sur socle carré en marbre jaune antique.

114 — Un beau groupe en bronze florentin, Enlèvement de Déjanire. Belle patine. Haut. 40 c.

115 — Une figurine en bronze florentin, Oiseleur. Haut. 30 cent. Sur socle en bois noir.

116 — Une figurine d'enfant Mercure, bronze belle patine, sur socle carré, marbre rouge richement garni de bronze doré au mat; têtes de béliers et guirlandes de fleurs figurant un autel.

117 — Huit petits bustes en bronze florentin, belle patine, représentant Henri VIII d'Angleterre, le duc de Buckingham, le chancelier Thomas Morus, le comte d'Essex, Edouard Seymour, Jeanne Seymour, Anne de Boleyn et la reine Elisabeth. Objets très-rares. (Pourront être divisés.)

118 — Un charmant petit buste de femme en bronze florentin, fondu à cire perdue. Belle patine.

119 — Un beau fragment d'une coupe en bronze florentin, orné de figurines en ronde-bosse. Riche composition du xvi° siècle. Objet très-curieux.

120 — Deux très-jolies figurines de femmes assises, bronze florentin, belle patine; sur socles carrés, modèle rocaille en bronze ciselé et doré.

121 — Une figurine, Femme sortant du bain; bronze florentin sur socle en bronze doré. Hauteur 16 cent.

122 — Un groupe en bronze florentin, belle patine, Léda et le Cygne. Haut. 25 cent.

123 — Une figurine en bronze florentin, belle patine, Diane debout; vêtement doré. Haut. 24 cent.

124 — Un groupe en bronze florentin, belle patine, composition de deux figures. Haut. 20 cent.

125 — Un autre groupe bronze florentin, belle patine, composition de deux figures, l'Astronomie. Haut. 14 cent.

126 — Une jolie petite figurine finement ciselée, Baigneuse, en bronze, belle patine.

127 — Une autre figurine assise, Tireuse d'épines bronze florentin, belle patine.

128 — Une figurine de Satyre assis jouant de la flûte de Pan ; bronze florentin, belle patine, sur socle de Boule. Haut. 25 cent.

129 — Une statuette en bronze florentin, Hercule debout, sur socle carré aussi en bronze, orné de guirlandes de fruits en relief. Haut. totale 37 cent.

130 — Une figurine en bronze florentin, Femme dansant. Belle patine.

131 — Deux petites statuettes équestres, bronze florentin.

132 — Une statuette de Silène et un Phallus, bronze antique.

133 — Une coupe brûle-parfum supportée par des cariatides et un buste applique, bronze italien.

134 — Deux statuettes en bronze florentin, Mars et Vénus au dauphin, sur socles en plomb. Haut. 45 cent.

135 — Une figurine en bronze florentin doré, Saint Sébastien attaché à un arbre. Haut. du bronze seul 30 cent.

136 — Une autre figurine en bronze doré, représentant la Fidélité, femme drapée portant un petit chien, socle en marbre. Haut. du bronze 29 cent.

Ivoires sculptés

137 — Un grand vidrecome en ivoire sculpté à bas-reliefs attributs de marine, sous la figure d'enfants, travail flamand, riche monture en vermeil époque Louis XIII. Haut. 30 cent.

138 — Un autre petit vidrecome, ivoire sculpté en ronde-bosse, Combat; très-riche de composition; monture en vermeil époque Louis XIII. Haut. 20 cent.

139 — Un grand et beau groupe ivoire sculpté, travail flamand XVIe siècle, composition originale de 5 figures, sur socle en Boule. Haut. 31 cent.

140 — Un groupe en ivoire sculpté, composé de trois personnages pris dans le même morceau, Femme surprise par un Satyre; travail italien. Haut. 20 cent.

141 — Deux petits médaillons ovales en ivoire sculpté en ronde-bosse, Jeune Garçon et Jeune Fille, attribués à François Flamand. Objet très-remarquable provenant de la collection Debruge.

142 — Deux petits bas-reliefs en ivoire sculpté, Judith portant la tête d'Holopherne et Jeux d'enfants. (Vente Debruge.)

143 — Un bas-relief en ivoire sculpté, Diane et Endymion, cadre en bois sculpté et doré.

144 — Une bonbonnière, forme ronde, en ivoire sculpté à bas-relief, d'une finesse remarquable, Diane surprise au bain; travail italien du xvi° siècle. (Collection Debruge.)

145 — Un charmant petit vase à piédouche, forme ronde, en ivoire sculpté, la panse ornée de figures d'enfants et trophées d'armes; d'une jolie composition.

146 — Deux jolis bas-reliefs en ivoire sculpté sur hauteur, Les Trois Grâces et Sujet mythologique; cadres à moulures en bois noir.

147 — Deux Termes, homme et femme, en ivoire sculpté, supportant des petits vases; travail français époque Louis XIV.

148 — Une plaque ivoire sculpté en ronde-bosse, Femme dormant entourée de trois petits enfants jouant de la musique; travail italien très-fin.

149 — Une boîte ronde surélevée et à couvercle, en ivoire sculpté et repercé à jour, à ornements époque Louis XV.

150 — Une gaine, ses couteau et fourchette, en ivoire sculpté, à groupes et bas-reliefs; travail du xvi° siècle.

151 — Une figurine ivoire sculpté, Sainte Madeleine; sur socle marbre et bronze doré.

152 — Une Danaé couchée; très-bel ivoire sculpté en ronde-bosse; travail italien du xvi° siècle. (Vente Debruge.)

153 — Un cippe en ivoire sculpté, Chasse au sanglier ; monté en vase en argent.

154 — Une grenouille en ivoire sculpté ; belle imitation de la nature.

155 — Un cadre carré en ébène et à moulures, contenant trois frises en ivoire sculpté et découpées à jour et peintes en partie, représentant des Danses d'odalisques; travail indien.

156 — Un petit cadre en bois finement sculpté, à génies, rinceaux et guirlandes de fleurs, et doré.

157 — Quatre petites poivrières en ivoire, de formes diverses.

Cristaux de roche

158 — Un grand et très-beau gobelet en cristal de roche, à couvercle et piédouche gravé, riche monture à anses à dragons, argent doré et émaillé en partie. Haut. 35 cent.

159 — Un grand gobelet à piédouche et couvercle en cristal de roche, à côtes et gravé. Haut. 29 c.

160 — Un gobelet cristal de roche à piédouche et couvercle, forme octogone allongée. Haut. 30 c.

161 — Une magnifique coupe en cristal de roche, forme ronde, sur piédouche pris dans la masse, parfaitement évidée, taillée à côtes et à gaudrons, et à bordure à mascarons et ornements du XVIe siècle, finement gravés. Diamètre 13 cent., haut. 8 cent.

162 — Une très-belle croix en cristal de roche taillée à épines, dont les extrémités sont garnies de rubis d'Orient, et le reste des ornements en or émaillé enrichi de même de rubis. Haut. 15 c. (Collection Debruge.)

163 — Un très-joli gobelet en cristal de roche, taillé à pans coupés.

164 — Une coupe en cristal de roche, figurant un dragon.

165 — Une coupe ronde en cristal de roche, à anses, xvie siècle.

166 — Une autre idem sur piédouche, montée en argent.

167 — Un groupe en cristal de roche, Léda et le Cygne, monté sur un piédouche de même matière, garni d'argent et de pierreries. (Collect. Debruge.)

168 — Deux flacons forme hexagone surélevée en cristal de roche, à bouchons en argent émaillé. (Collection Debruge.)

169 — Un plateau en cristal de roche, forme octogone, composé de pièces de rapport, monté en cuivre doré, xvie siècle. (Collection Debruge.)

170 — Un vidrecome en cristal de roche, taillé à côtes et gorge en or.

Armes anciennes

171 — Un magnifique couteau de chasse et ses deux couteaux, à manches et gaîne en acier finement ciselé, à têtes chimériques, mascarons, cariatides et ornements délicieux du xvie siècle, et damasquiné or. Cet objet, d'une parfaite conservation, est digne de figurer dans les collections les plus célèbres.

172 — Un très-grand et magnifique fusil indien à mèche, le canon richement damasquiné en or, et le bois entièrement recouvert en argent repoussé et doré. Objet rare et précieux.

173 — Une poudrière, forme fleur de lis, incrustée d'ivoire et nacre sur bois, ornements et animaux d'une très-grande finesse, et garnie en argent ; travail italien du temps de Henri II. Superbe échantillon de l'époque, digne de l'attention des amateurs.

174 — Une poire d'amorce en fer damasquiné d'argent, époque Louis XIII, à blasons de cardinal et d'évêque.

175 — Deux très-jolis petits pistolets à silex, époque Louis XIV, en argent, à ornements repoussés et dorés.

176 — Un très-beau pistolet à silex et à baïonnette à ressort, à canon entièrement recouvert d'ornements gravés et damasquinés or, et le bois incrusté d'ornements très-fins en argent.

177 — Deux beaux pistolets à silex à batterie et canon gravés, le bois et partie du canon recouverts d'argent doré, à ornements repercés à jour.

178 — Un yatagan lame de Damas, incrustée d'argent, poignée en vache marine et fourreau en argent garni de coraux.

179 — Un fer de lance en damas, et ornements dorés.

180 — Une petite carabine turque à silex, canon et batterie en damas, damasquiné or, et bois incrusté de coraux.

181 — Une masse d'arme en fer, ornements argentés.

182 — Une petite poire à poudre indienne en damas, à ornements dorés.

183 — Un poignard, belle lame en damas noir, damasquinée or, et magnifique poignée en jade vert sculpté, figurant une fleur de lotus.

184 — Un couteau, travail persan; manche et fourreau en cuivre champlevé et émaillé, et belle lame en damas noir cannelée.

185 — Un poignard, travail persan, poignée et fourreau en cuivre émaillé, à fleurs en relief coloriées, et belle lame en damas.

186 — Un petit poignard de dame, travail moderne, manche en lapis-lazuli, garni d'argent doré et niellé, et cordons en émeraudes.

187 — Une panoplie composée de quantité de pièces, travail moderne, seront vendues séparément.

Verres de Venise

188 — Un gobelet verre de Venise, forme cylindrique, et à couvercle, orné de mascarons, têtes de satyres et rosaces en relief et dorés.

189 — Une coupe ronde à lobes et sur piédouche, en verre de Venise, à filigrane blanc.

190 — Une coupe ronde et une burette en verre de Venise, belle qualité, rubans rouges alternés de filigrane blanc.

191 — Une coupe ronde, forme bassin, sur piédouche, verre de Venise, à écailles émaillées, variées de couleurs et dorées.

192 — Deux très-jolis flacons à côtes en verre de Venise, aventuriné, et bouchons en vermeil gravé.

193 — Un très-joli gobelet sur piédouche, en verre de Venise, à panse gaufrée et à filigrane blanc.

194 — Un vase forme gourde, verre de Venise, à filigrane blanc.

195 — Deux petits vases, verre de Venise, à filets blancs.

196 — Un petit vase à fleurs en relief, en verre ancien.

197 — Deux gobelets en verre de Bohême, taillés et guirlandes de fleurs émaillées.

198 — Deux petits flacons en verre de Bohême, gravé, et bouchons à figurines en argent.

199 — Un gobelet verre de Bohême, gravé, monté à anse mouvante, forme de seau, et bronze doré.

200 — Un petit gobelet, forme cylindrique, en verre de Bohême, à blason émaillé, et daté 1692.

201 — Une bouteille à grosse panse, goulot étroit, à anse dragon, à ornements en relief en verre irisé.

202 — Un grand verre à pied, à ornements et devises, gravés.

Objets divers

203 — Un magnifique petit damier et ses dames en ambre, contenant dans sa bordure de délicieux petits bas-reliefs, sujets mythologiques, et au centre des portraits de souverains et personnages célèbres; les quatre coins sont ornés de bas-reliefs en argent, repercés à jour et ciselés; une glace au revers. Bel échantillon des travaux de ce genre, XVIe siècle.

204 — Deux jolis vases à couvercles en faïence italienne, à sujets mythologiques, finement peints, et belle composition.

205 — Une coupe ronde sur piédouche, en émail de Limoges, genre Pénicault, grisaille teintée, la Création.

206 — Une autre coupe ronde sur piédouche, émail vénitien gros bleu et lis dorés.

207 — Un vidrecome; bel échantillon en étain de François Briot, à médaillons et ornements.

208 — Une pendule allemande forme carrée, à cariatides aux coins, à plusieurs cadrans; bronze gravé et doré.

209 — Une horloge époque Louis XIII, forme hexagone, en bronze ciselé et doré, à écoinçons, à cariatides, contenant un excellent mouvement horizontal moderne et à sonnerie.

210 — Un côté de poire à poudre en cuivre rouge, à ornements finement repoussés. Bel échantillon d'orfévrerie du xvie siècle.

211 — Un très-joli mortier en cuivre, à anses cariatides, à médaillons d'après l'antique, et festons de fleurs soutenus par des mufles de lions. Beau travail du xvie siècle.

212 — Un flacon forme carrée, garni de cuivre, à ornements découpés à jour et dorés. Travail du xvie siècle.

213 — Un joli vitrail ancien, portrait de Martin Luther.

214 — Un coco monté en vase, en cuivre gravé et doré, xvie siècle.

215 — Deux gobelets, dont un genre Munich émaillé, l'autre dit d'attrape, à anse carrée ornements en relief et couverte en bleu.

216 — Un reliquaire émail byzantin forme coffret.

217 — Un autre, genre byzantin.

TROISIÈME VACATION

Le Samedi 28 Février 1857.

Terres cuites par Clodion, Marin, Fratin, etc.; belles porcelaines de Sèvres tendre ancien décor; bronzes meublants, pendules, candelabres Louis XVI; marbres sculptés, statues, figures, etc.; meubles parmi lesquels un magnifique fauteuil en bois sculpté; bronzes d'art modernes; objets divers.

DÉSIGNATION

DES OBJETS

Terres cuites

218 — Deux magnifiques spécimens du grand talent de Clodion. Bacchantes couchées, en terre cuite. Longeur 50 centimètres environ.

219 — Deux délicieux groupes en terre cuite par Clodion. Satyre et femmes ; satyre jouant avec des enfants. Hauteur 35 centimètres.

220 — Une très-jolie figurine de jeune fille portant des fruits. Bel échantillon de terre cuite par Clodion, sur socle carré en griotte rouge, orné d'un mascaron tête de vieillard, aussi en terre cuite. Hauteur totale 50 centimètres.

221 — Un groupe en terre cuite, signé Clodion. Nymphe dansant et jouant du tambourin, et jeune enfant.

222 — Un autre groupe en terre cuite, attribué à Marin. Jeune femme drapée tenant un enfant dans ses bras et l'embrassant.

223 — Un petit groupe en terre cuite par Marin. Bacchantes et enfants bacchants.

224 — Un très-joli petit groupe en terre cuite, composé de trois figurines de femmes nues supportant une corbeille de fleurs. Hauteur 30 centimètres.

225 — Deux charmants petits bustes en terre cuite, travail italien sur socles en albâtre. (Collection du baron Roger.)

226 — Un groupe en terre cuite. Cerf et Loup, par Fratin.

227 — Un groupe en terre cuite. Mars et Vénus sous la figure d'ours, par Fratin.

228 — Deux autres figurines par Fratin. Bacchus et Bacchantes en ours, avec droit de reproduction des quatre.

229 — Un tableau contenant des études de têtes d'animaux par Fratin, en terre cuite, avec droit de reproduction.

230 — Un autre. Idem

Porcelaines

231 — Un magnifique tête-à-tête en porcelaine d'ancien Sèvres, pâte tendre, fond blanc et richement peint d'oiseaux exotiques, de la plus grande finesse d'exécution : composé d'un plateau, deux tasses, théière, sucrier, et pot à crème. (Mérite l'attention des amateurs.)

232 — Deux charmantes pièces en porcelaine tendre de Sèvres : caisses d'orangers, forme carrée, fond blanc, et paysages ornés d'oiseaux sur chaque face. Objet très-rare aujourd'hui.

233 — Deux petits vases en ancienne porcelaine de Sèvres tendre, à anses, fond blanc à ornements violacés, entourés de guirlandes et festons de fleurs. Hauteur 16 centimètres. (Objet très-rare aujourd'hui.)

234 — Un très-joli petit vase à oignons, forme carrée, en porcelaine d'ancien Sèvres, pâte tendre, fond gros bleu de roi, à médaillons, amours et trophées de musique.

235 — Une charmante petite écuelle, son couvercle et plateau, ancien Sèvres tendre, bord bleu, ornements roses encadrés de festons de fleurs.

236 — Une écuelle, son couvercle et plateau, ancien Sèvres tendre, fond bleu clair marbré, ornements divers et médaillons-paysages.

237 — Une tasse forme arrondie, à anse et couvercle, posée sur un plateau ovale, le tout ancien Sèvres tendre, fond gros bleu, à beaux dessins dorés et médaillons à paysages, d'une parfaite conservation.

238 — Deux beaux plateaux ancienne porcelaine de Sèvres tendre, forme losange à galeries à jour, fond blanc et bouquets de fleurs.

239 — Un très-joli plateau, forme ovale, à anses, en porcelaine de Sèvres tendre, ornements à guirlandes de roses et fleurs, décors anciens.

240 — Un pot à crème, modèle antique, porcelaine Sèvres tendre, fond blanc et bouquets de fleurs.

241 — Une écuelle, son plateau et couvercle porcelaine tendre, modèle rocaille, gros bleu et vert.

242 — Une belle tasse trembleuse, ancienne porcelaine de Saxe, fond blanc et médaillons paysages.

243 — Deux très-jolies figurines en ancien Saxe : l'Asie et l'Amérique.

244 — Deux très-jolis vases en porcelaine de Berlin, à anses carrées, fond blanc. Sujets de Bacchanales. Sur la panse, les gaudrons et autres ornements dorés. Hauteur 35 centimètres.

245 — Un grand et beau vase, à anses têtes de béliers, et bacchanales d'enfants sur la panse, fond bleu et les reliefs coloriés, porcelaine Capo di Monte.

246 — Deux jolies statuettes en biscuit de Diehl : l'Étude représentée sous des figures d'enfants assis. Hauteur 35 centimètres.

247 — Deux jolies figurines en biscuit de Saxe : le berger Pâris, et une Baigneuse, d'après Falconnet. Sur socles carrés.

248 — Une Figurine, Bacchante courant, jouant des cymbales, en biscuit de Niderwiller. Hauteur 42 centimètres.

249 — Une jolie figurine de Génie assis, formant porte-montre, en biscuit de Sèvres. Modèle d'après Falconnet.

250 — Une figurine, naïade couchée, en porcelaine de Sèvres, pâte tendre, émail blanc.

251 — Une cuvette et pot à eau en porcelaine fond blanc et roseaux peints et en relief, et charnières en argent.

252 — Un vase, forme hexagone, ancienne porcelaine du Japon, à jour, fond blanc et bleu.

253 — Deux petits vases, forme bouteille, en ancien craquelé, fond chamois à anses, mufles de lions et anneaux. (Vente Brunet-Denon.)

254 — Un joli petit vase, ancien céladon, gauffré sous émail.

255 — Deux petits vases à goulots étroits, porcelaine de de Chine flambée.

256 — Deux tasses présentoirs, porcelaine de Chine fond blanc et à mandarins.

257 — Une tasse présentoir, porcelaine de Chine fond blanc et bleu, et un petit plateau à mandarins.

258 — Une petite théière, forme fruit et son petit plateau, forme feuille, porcelaine de Chine fond jaune et ornements coloriés.

Bronzes meublants

259 — Une très-belle pendule, époque Louis XVI, en marbre brocatelle d'Espagne, et bronze doré au mat, de la plus grande finesse, composée d'une pyramide sur un soubassement carré, contenant un miroir, de chaque côté duquel deux colonnettes, recouvertes de flèches en faisceaux; sur le devant, de forme demi-sphérique, se trouvent une Vénus et un Amour d'après Falconnet; au haut de la pyramide, deux petites colombes. Hauteur 75 centimètres.

260 — Deux délicieux petits candélabres, vases forme Médicis en albâtre oriental, portant trois branches à rinceaux en bronze de Gouthières doré au mat, et posés sur des fûts de colonnes cannelées en brocatelle d'Espagne; le soubassement carré, en marbre blanc, est entièrement recouvert d'ornements en bronze au mat de la plus grande finesse. 46 centimètres de haut.

260 bis. — Deux charmants vases, forme ovoïde, à gorges élevées, en ivoire sculpté et repercé à jour à ornements et guirlandes de fleurs, et médaillons Amours sur la panse; belle monture Louis XVI en bronze doré, à anses masques de satyres et serpents; parfaitement conservés.

261 — Une jolie pendule, forme architecturale en marbre blanc et cariatides, figurines d'enfants et ornements très-fins en bronze ciselé et doré au mat, époque Louis XVI, mouvement à échapement horizontal à grande sonnerie. Haut. 47 centimètres.

262 — Deux très-jolis vases, forme ovoïde allongée, en marbre blanc à anses : enfants satyres, mascarons et guirlandes de fruits sur la panse en bronze finement ciselé et doré au mat. Époque Louis XVI. Haut. 39 centimètres.

263 — Deux flambeaux : enfants agenouillés supportant des corbeilles de fruits, en bronze ciselé et doré au mat.

264 — Deux magnifiques girandoles à 3 branches et 4 lumières en bronze très-finement ciselé et doré. Époque Louis XVI.

265 — Deux jolis vases formant cassolettes en porcelaine vert pomme, riche monture Louis XVI à anses, têtes de satyres et festons de lauriers, en bronze ciselé et doré.

266 — Deux très-jolis vases, forme ovoïde, en bronze à anses, têtes de lions, et draperies sur la panse, dorés et bleuis en partie. Haut. 33 cent.

267 — Un vase à grosse panse en bronze bleui, garni de bronze doré et à anses carrées à mascarons dauphins.

268 — Deux très-jolis petits flambeaux, modèle rocaille en bronze doré, ornés de deux poussahs en vieux céladon turquoise et fleurs de Saxe. (Vente Brunet-Denon.)

269 — Deux appliques, porte-montre en bronze finement ciselé et doré au mat, époque Louis XVI, formés de cornes d'abondance et branches de laurier.

270 — Deux jolies chutes, fleurs et fruits en bronze finement ciselé.

271 — Deux flambeaux, enfants porteurs en bronze au vert antique, supports et chapiteaux en ancienne porcelaine de Saxe, et monture en bronze doré.

272 — Un charmant petit lustre à 4 lumières en bronze très-finement ciselé et doré au mat. Époque Louis XVI, garni de cristaux de couleurs.

273 — Un joli flambeau de Bouillotte, époque Louis XVI, en albâtre et bronze doré au mat, supporté par 3 figures de sphinx couchés.

274 — Deux jolis petits vases à trépieds à têtes de béliers, époque Louis XVI, formant flambeaux en bronze ciselé, doré et bleu en partie, sur socle en bleu turquin.

275 — Deux jolis flambeaux en bronze ciselé et doré au mat : enfants tritons sur tortues.

276 — Une statuette équestre, Persée, en bronze ciselé et doré, bouclier en agate, socle en marbre blanc.

277 — Deux vases en bronze à bacchanales en relief.

278 — Deux petits vases en verre blanc, montés en bronze doré.

279 — Un presse-papier, en bronze doré, à enfants satyres.

280 — Un encrier à trois godets, modèle rocaille, en bronze doré.

281 — Deux petites buires émail, genre Limoges, montées en bronze doré.

282 — Deux toutes petites coupes en porcelaine de Chine, montées en bronze doré.

Marbres sculptés

283 — Deux jolies figurines, jeunes filles assises, en marbre blanc sculpté, époque de Falconnet, sur socles ronds à moulures. Hauteur totale, 30 centimètres.

284 — Un groupe en marbre blanc sculpté, par Falconnet, Léda couchée. Long. 50 centimètres.

285 — Une figurine de nymphe tenant une colombe, d'après Falconnet, en marbre blanc statuaire. Hauteur sans le socle, 36 centimètres.

286 — Un très-joli groupe en marbre blanc, sculpté par Feuchère, Léda. Haut 30 cent.

287 — Une figurine d'enfant couché, en marbre blanc statuaire.

288 — Deux statues, en marbre blanc sculpté, femmes drapées. Haut. 87 cent.

289 — Une très-belle coupe formée d'une coquille en porphyre oriental vert, supportée par trois dauphins en bronze doré, et socle rond en granit vert des Vosges, à moulures en porphyre oriental rouge et bronze doré (de la collection Odiot père).

Meubles

290 — Un grand et magnifique fauteuil à bras en bois sculpté, époque Louis XIII, orné de quantité de figurines d'enfants en ronde-bosse, dans le style de François Flamand, et supporté par quatre lions couchés. *Pièce très-rare.*

291 — Quatre jolies chaises en bois sculpté et doré, à colonnettes détachées, à canaux creux et modillons.

292 — Un très-joli miroir forme carrée, à glace biseautée, et magnifique cadre en bois sculpté à branchages, et Amours à fronton à aigle et richement doré. 1 mètre 10 centimètres de haut sur 90 centimètres de large.

293 — Deux très-jolis miroirs à bordures, richement sculptés et dorés, époque Louis XIV. *Objets très-rares.*

294 — Deux très-jolies bibliothèques sur hauteur; le bas à portes pleines, le haut à deux ventaux vitrés, imitation parfaite pour la forme et l'exécution des ouvrages de Boule, richement garnies de bronzes ciselés et dorés.

295 — Un beau bureau à dos d'âne, à tiroirs et à secrets; belle et bonne imitation de Boule; richement garni de bronzes ciselés et dorés. Largeur, 1 mètre 15 centimètres. Haut. 1 mètre 12 centimètres.

Bronzes d'art modernes

296 — Un très-beau groupe en bronze français, époque Louis XIV, belle patine, Daphnée changée en laurier. Haut. 50 centimètres, sur socle carré en ancien Boule garni de bronze doré (Collection Baron Michel).

297 — Deux statuettes en bronze, Vénus et Bacchus, sur socles Boule, époque Louis XIV, belle patine. Hauteur totale, 47 centimètres.

298 — Deux petits bustes en bronze, Henri IV et Sully, sur socles ronds bleu turquin.

299 — Deux statuettes en bronze, de Pradier : Bacchantes dansant, belle patine genre florentin. Hauteur, 50 centimètres.

300 — Minerve tenant la lance et le bouclier, figurine bronze ciselé et doré, époque Louis XIV. Haut. 35 centimètres.

301 — Deux figurines de femmes, l'une drapée, l'autre nue, en bronze. Haut. 30 centimètres.

302 — Deux coupes en bronze, travail moderne, genre XVIe siècle.

303 — Une baigneuse assise, d'après Falconnet, bronze moderne.

304 — Un groupe, Léda et le Cygne, bronze réduit, modèle de Feuchère.

305 — Un groupe en bronze moderne, Indien combattant une panthère, beau modèle par Fauginet.
306 — Deux petites figurines de femmes couchées, bronze moderne d'une bonne exécution.
307 — Deux autruches en bronze chinois.
308 — Deux figurines de mandarins montés sur des animaux fantastiques ; le tout en bronze du Japon, belle patine.
309 — Un poussah en bronze chinois, sur socle en bois de fer.

Objets divers

310 — Deux cadres carrés longs, contenant des bas-reliefs en cire rose, Bacchanale de Satyres et jeux divers, composition riche et gracieuse et d'une exécution parfaite. Long. 40 centimètres.
311 — Deux petits vases en cuivre rouge, formant brûle-parfums, très-joli modèle finement ciselé, époque Louis XIV, à festons de lauriers sur la panse.
312 — Un lustre à douze lumières, modèle flamand, en fer repoussé.
313 — Deux candélabres en fer repoussé, tourelle, et sept branches de vigne chacun.
314 — Une très-belle théière en bronze du Tonkin, belle patine à médaillons, anse et goulot dorés.

— 47 —

315 — Une théière en cuivre jaune gravé, à anse et goulot. Travail oriental.

316 — Un joli tapis persan brodé en fin.

317 — Deux petits moutardiers émail de Saxe, fond gros bleu, médaillons paysages.

318 — Deux autruches en faïence ancienne émaillée en jaune.

319 — Un très-joli coffret carré à bas-reliefs, travail moderne, en acier poli.

320 — Sous ce numéro, on vendra les objets omis au présent Catalogue.

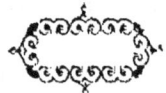

Maulde et Renou, imprimeurs de la Compagnie des Commissaires-Priseurs, rue de Rivoli, 144.

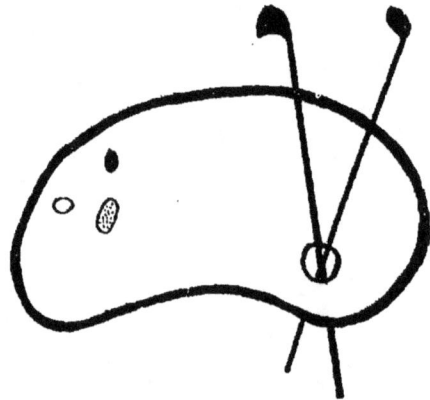

ORIGINAL EN COULEUR
NF Z 43-120-8

www.ingramcontent.com/pod-product-compliance
Lightning Source LLC
Chambersburg PA
CBHW050024230526
45470CB00003B/1123